Laia Monserrat

Un cerezo en el balcón

Practicar Zen en la ciudad

editorial Kairós

© de la presente edición:
2011 by Editorial Kairós, S.A.
Numancia 117-121, 08029 Barcelona, España
www.editorialkairos.com

Fotocomposición: Grafime. Mallorca, 1. 08014 Barcelona
Ilustraciones: Jordi Cots
Diseño cubierta: Katrien van Steen
Impresión y encuadernación: Ulzama digital

Primera edición: Noviembre 2011
Segunda edición: Julio 2014
Tercera edición: Junio 2019
ISBN: 978-84-9988-030-3
Depósito legal: B-35.691/2011

Este libro ha sido impreso con papel certificado FSC, proviene de fuentes respetuosas con la sociedad y el medio ambiente y cuenta con los requisitos necesarios para ser considerado un "libro amigo de los bosques".

Sumario

Introducción

Hace unos años me regalaron un cerezo.

Exactamente un cerezo japonés.*

Yo vivo en la ciudad.

Quien me lo regaló sabe muy bien que me gusta el campo y la naturaleza, pero cuando lo vi aparecer con el cerezo... ¡pensé que era un desatino!

¿Qué vida podía ofrecerle yo al arbolito? ¿Sería suficiente para su sano desarrollo un tiesto en mi balcón? ¿Podría llegar a desarrollarse, dar frutos y ser feliz sin expandir sus raíces en plena tierra?

Hace años que practico la meditación Zen y mirando mi árbol comprendí de repente que teníamos mucho en común. Yo,

* *Prunus serrulata Kanzan*, con flores dobles colgantes que nacen en apretados ramilletes.

como él, vivía con limitaciones de espacio, en un pequeño apartamento de la ciudad, sin demasiado contacto con la tierra. Como él, procuraba adaptarme lo mejor posible a mis circunstancias y, a pesar de todo, el fructificar en medio del humo, el ruido y el estrés de la ciudad.

Mirándolo día a día fui aprendiendo de él. Se convirtió en motivo de reflexión y en maestro en el difícil arte de la práctica del Zen en la ciudad. Lejos de cualquier monasterio donde la única preocupación es profundizar en el ejercicio de la meditación, la vida en la ciudad no proporciona muchas oportunidades para permanecer en contacto con nuestro ser profundo. Sin embargo, yo, igual que otras tantas personas, tengo claro que mi vida se orienta hacia la transparencia al Ser Esencial, ese es el motor que impulsa todas mis acciones y todas mis decisiones. El ejercicio de za-zen es mi compañero inseparable, mi maestro y mi enseñanza.

Procuro que cada día sea un campo de experimentación en el arte del vivir centrado. No dudo en actuar, equivocarme, aprender y rectificar constantemente.

Mi cerezo se convirtió en la perfecta alegoría para mi vida. En la plasmación de esa parte de mí serena, que saca provecho de todo lo que tiene alrededor para crecer interiormente, que expresa constantemente su fuerza y su plenitud a través de las más diversas circunstancias.

¿Qué hace un cerezo en un balcón? ¿Qué hace una persona buscando la iluminación espiritual en medio de la cotidianeidad de la ciudad?

Exactamente lo mismo, ejercitarse en vivir el instante presente con plenitud.

1. La postura

De la posición al gesto

¿De dónde surge ese gesto erguido que nos muestras?
¿De dónde el impulso de crecer?
Magia de la tierra que deviene sabia y se mezcla con la luz.

Cada vez más arriba. Cada vez más abajo.

Unión de Cielo y Tierra; expresión de un juego infinito corporeizado en árbol, en flor, en fruto.
Transmutación.

Lo primero que hice fue plantar mi cerezo en un gran tiesto. Compré un magnífico recipiente redondo de cerámica, fabricado en China. Su color azul oscuro era muy bello. Pensé que haría un bonito contraste con el tronco rojizo y las flores rosáceas de mi árbol.

La plantación es un momento importante. Se debe mezclar la tierra con un buen abono, bien descompuesto. Las raíces deben estar en pleno contacto con la mezcla, sin aire. Se tiene que observar que el tronco esté derecho, bien vertical. Es necesario compactar la tierra para mantener la estabilidad y asegurarse de que el viento no arrancará el árbol.

Pasé un magnífico momento dedicándome a la plantación. Sabía que cada gesto era importante para el bienestar del cerezo. Realicé mi ejercicio con una concentración plena, totalmente atenta y… sentí una inmensa felicidad al ver el árbol plantado, ahí erguido frente a mí. Su presencia me impresionó.

Mientras realizaba este ejercicio comprendí la importancia del gesto de sentarse en za-zen. El ejercicio de sentarse en silencio es el corazón mismo del Zen. Practicar Zen es aprender a sentarse en una postura correcta, enraizada en la Tierra y en el Cielo.

El Zen es una experiencia. Dicha experiencia reposa sobre la práctica del ejercicio de sentarse en silencio. El aprendizaje y la repetición de la técnica son esenciales. Sin ello, la experiencia del Zen puede verse instrumentalizada rápidamente, es decir, ser sometida a la voluntad de un ego demasiado entrenado en conducirnos a donde él desea, en lugar de estar a disposición del Ser Esencial. Entrenarse en una práctica concreta y atenerse a una técnica precisa enseña a nuestro ego el camino para ponerse en la buena disposición, es decir, al servicio de la Trascendencia. Como veremos más tarde, no podemos "deshacernos de nuestro ego", debemos utilizar esta función de nuestra psique, no "ser utilizados" por ella... ¡Todo un camino que hay que recorrer!

El hecho de realizar el ejercicio de sentarse en silencio es una puerta abierta a adoptar el estado meditativo mientras se realizan las demás actividades de la jornada. La experiencia Zen en todo momento del día debe apoyarse en la práctica de los ejercicios de Zen.

- La técnica de meditación Zen es tremendamente simple, y por ello deviene un ejercicio complejo para nuestra mente, ¡tan habituada a complicar las cosas!

La primera vez que se ve a un practicante de Zen sorprende su presencia. Su postura, inmóvil y silenciosa, emana algo trascendente que percibe el observador.

¿Qué tiene de particular esa postura? Precisamente que, con la práctica, la postura se ha convertido en gesto de Presencia al Instante Presente.

Veamos a continuación la técnica adecuada para realizar el ejercicio de la meditación en silencio o *cómo plantarse correctamente en el cojín…*

Principios elementales de la postura de za-zen

- El practicante debe sentarse si es posible en el suelo. El cojín tradicional es negro y redondo, de unos 25 cm de altura y 35 cm de diámetro. La buena altura viene determinada por la longitud de las piernas de la persona. Puede ser necesario realzar un poco más el cojín.

- Las tres cuartas partes del cojín deben estar libres, es decir, el practicante debe sentarse en el cuarto anterior. Esto favorece que las rodillas toquen el suelo y que la espalda esté derecha.
- Las piernas deben doblarse en cuarto de loto o en loto entero. Desaconsejo el medio loto, ya que produce un gran desequilibrio entre un lado y otro de la cadera.
- Las rodillas deben tocar el suelo. Si esto no es posible, hay que afianzar la posición colocando un cojín en la rodilla que no llega al suelo. Es necesario que la persona se sienta totalmente estable en la postura, y si esto no es posible, el ejercicio tiene que realizarse en una silla.
- Se debe buscar la sensación de una base amplia sobre la que se puede reposar confortablemente (aunque en algunos momentos se pueda sentir dolor en las rodillas o cierta incomodidad). Las dos rodillas y la pelvis forman un triángulo que es la base sobre la que se apoya todo el cuerpo.

- Si la persona no puede sentarse en el suelo de forma suficientemente confortable, se debe optar por instalarse en una silla. Se utiliza el mismo cojín que hemos descrito. No hay que apoyarse en el respaldo, sino seguir el principio de sentarse en el cuarto delantero del cojín. Los pies deben estar bien apoyados en el suelo, separados lo suficiente como para formar un triángulo con la pelvis y estar paralelos entre sí.
- Una vez encontrada la buena postura para sentarse, hay que concentrarse en sentir el peso y en enraizarse. La buena base permite dicha sensación, ya que la persona experimenta un buen contacto con el suelo, con la tierra, y esto favorece el gesto de confianza de soltarse. Cuando se sueltan las crispaciones, la sensación de peso aumenta, la pelvis se llena de fuerza y el practicante se siente enraizado y estable.
- Sin perder dicha sensación se debe tomar conciencia de la verticalidad. Hay que dejarse llevar hacia arriba. De la misma forma que el peso empuja hacia abajo, hacia el contacto con la tierra, hay una fuerza centrípeta que empuja hacia el cielo. Se siente cuando las crispaciones se disuelven. Los tejidos musculares se vuelven ligeros y hay una sensación muy concreta de crecer en dirección hacia el cielo. El practicante se siente en su altura real. Se hunde en el cielo de la misma forma en que se enraíza en la tierra.
- Muchas personas que sufren de problemas de espalda sienten un gran alivio con la práctica de la meditación

Zen, cuando esta se realiza correctamente. La postura favorece la relajación del exceso de tensión que suele provocar los dolores de espalda. La persona aprende a abrirse y a soltarse interiormente.

- La pelvis se sitúa naturalmente un poco inclinada hacia delante. Si se sueltan las crispaciones que suelen estar acumuladas en la parte baja de la espalda (lumbares), de forma natural, la pelvis se inclina ligeramente hacia delante. Con ello la curva lumbar se suaviza y se experimenta una gran sensación de alivio en la espalda.
- La nuca también debe estar libre de tensiones. Cuando esto sucede, la cabeza bascula naturalmente hacia delante, ya que el peso de la parte anterior del cráneo es mayor que el peso de la parte posterior.
- Los ojos permanecen abiertos, los párpados relajados, sin tensión. La mirada se posa a una distancia de un metro o metro y medio sobre el muro o el suelo. La mirada sigue la línea de la nariz, es decir, va hacia abajo. Se dice que la concentración debe ser tal que se pueda observar lo que sucede en el otro lado de la sala. Esto quiere decir, que manteniendo la vista posada en un punto, la visión periférica permanece abierta.
- Las manos adoptan la postura o *mudra* del vacío: la mano izquierda se coloca sobre la mano derecha, los pulgares en contacto leve, sin presión. Se debe mantener dicha posición, que crea un bello óvalo entre las manos y los pulgares. Este óvalo simboliza el vacío. Es importante situar

correctamente las manos, sobre los muslos, para poder descansar los hombros.

El camino del Zen es ejercitarse en la técnica, durante años. Aprender a sentarse en la buena postura no es difícil. Lograr que dicha postura devenga un gesto es un trabajo de años.

¿Qué quiere decir que la postura devenga gesto?

Al principio de la práctica se deben seguir las instrucciones de cómo sentarse, aprender a sentirse enraizado, en la vertical: se debe aprender a liberar las crispaciones para encontrar la tensión adecuada, ni demasiado relajada ni crispada.

Poco a poco, el practicante comprende que eso a lo que llama "las tensiones del cuerpo" son en realidad las tensiones de su ser. Es decir, en tanto que persona, está crispado. Son sus experiencias de vida, sus temores, los que se manifiestan en forma de crispación. Soltar esas crispaciones implica un cambio radical: es abandonar el estado de alerta para entrar en la confianza.

He aquí que el ejercicio, en principio simple, de sentarse en silencio se convierte en un camino de transformación. Vivir en la confianza no se logra mediante ejercicios de relajación. Vivir en la confianza es un logro personal que requiere *soltar-se* interiormente, y para ello se necesita un trabajo profundo con nuestros modos de funcionamiento personal, así como liberarse de los anclajes del pasado.

Tan solo de este modo se puede conseguir que la postura devenga gesto. Sin este trabajo profundo, la práctica puede estancarse. De poco sirven las largas sesiones de meditación si no hay una *remise en question*, como dicen los franceses, es decir, si no nos sometemos a un profundo cuestionamiento sobre nosotros mismos. La psicología y el trabajo psicocorporal deben ayudarnos a ello. Como el cerezo en nuestro balcón, el practicante de Zen en la ciudad necesita un aporte extra de nutrientes y cuidados específicos para florecer en todo su esplendor.

Resulta significativo que para muchas personas sentir su peso sea sumamente difícil. Esto refleja una relación con el mundo material que no está bien posicionada. El contacto con lo material, con la tierra, puede ser problemático en alguno de sus aspectos. O puede haberlo sido. Recuperar un gesto de confianza requiere madurez personal, y para eso se necesita tiempo.

Sentirse bien en el mundo, con las ocupaciones cotidianas, en la relación con el dinero, con el trabajo…, todo esto se expresa en el contacto crispado o libre con la sensación de peso.

Del mismo modo, adquirir una verticalidad plena es un ejercicio que se realiza paso a paso. El contacto con la dimensión plena de la humanidad se logra con este gesto de estar derecho, que ningún otro ser vivo, a parte del árbol, realiza. Admitir esa plena dimensión, admitir la importancia de la espiritualidad en nuestra vida forma parte de este gesto.

¿Os dicen algo las expresiones *es una persona de gran peso* o *es un escritor* (por ejemplo) *de gran talla*? Con ellas, en el lenguaje común denotamos que alguien está expresando plenamente sus potencialidades en el mundo.

A medida que la persona comprende de forma experiencial que la postura es en realidad un gesto de todo su ser, el ejercicio de za-zen cobra toda su profundidad.

Llegar a soltarse interiormente es un gesto de libertad y de plenitud que se expresa en la forma de estar sentado, con total presencia.

La posición deviene gesto de unión. El Cielo y la Tierra se expresan en la persona, y en su manera de estar en el mundo.

Después, el ejercicio continúa en la expresión de dicha plenitud en cualquier postura y gesto cotidiano. El ejercicio de za-zen es un entrenamiento que debe trascender al resto de la vida.

2. La respiración

Dejarse respirar

Cada hoja, cada poro de tu verde piel respira.
Te balanceas con gracia al ritmo del viento.
No hay barreras entre tú y el mundo exterior.
Unión.

El tronco de mi cerezo está cuajado de lenticelas horizontales, pequeñas y sutiles. Mi árbol respira por sus estomas y también por su tronco… y por sus raíces. Es como yo. Respiro por mi nariz, respiro por todos los poros de mi piel.

Es fabuloso pensar en este flujo constante con el medio externo que se realiza en todos los seres vivos a través del intercambio de gases que se llama respiración. ¡Cada una de nuestras células intercambia con el exterior a través de la respiración! Por eso este movimiento profundo es símbolo de unión en la tradición del *yoga*. El interior y el exterior están constantemente unidos a través de la respiración. Mundo interior y cosmos, unidos por la respiración.

Cuando le pedimos a alguien que observe su respiración ocurre un curioso fenómeno. La persona suele realizar una profunda inspiración, como si el aire le hubiese faltado hasta ese momento, y luego intenta controlar el ritmo de su respiración para adaptarlo a lo que cree ser "la buena forma de respirar".

El bebé al nacer no respira. Con las técnicas de nacimiento natural, el cordón umbilical no se corta de inmediato, dejando al niño realizar de forma natural su primera respiración. Se diría que la respiración "se hace en él"; el aire entra, lo toma, lo llena y el milagro de la respiración se realiza una vez más.

El momento de la muerte viene muchas veces precedido por un último suspiro, una espiración marcada. Después, la inmovilidad total.

¿Qué es la respiración?

Para los cristianos, la vida se inicia con el soplo del aliento divino en las narinas del primer hombre, hasta ese momento simple figura de barro. Para el *yoga*, respiración es unión; lo interno, lo íntimo, se mezcla con el aire que viene de fuera, y todo regresa al exterior.

Existen muchos ejercicios de respiración. Cada uno de ellos está adaptado a ciertas circunstancias, a necesidades más o menos mundanas o espirituales. Desde las limpiezas de canales energéticos del *yoga* hasta el control del estrés para actores, encontramos una amplia gama de posibilidades.

Durante el ejercicio de la meditación Zen se deben olvidar todos los ejercicios de respiración aprendidos, todas las técnicas. Lo único que nos interesa es dejarnos respirar.

Para ello hay que olvidar que podemos controlar nuestra respiración. Aún más exactamente, debemos deshacernos de todo aquello que está controlando de forma involuntaria nuestra respiración. El ejercicio deviene un ponernos a disposición de la Vida para que nos respire.

Eso quiere decir que no es el yo egoico quien respira, él es respirado, es traspasado por la fuerza vital. El ego se pone al servicio de dicha fuerza trascendente.

Lograr estar en dicha disposición requiere un entrenamiento en "borrarse", en soltarse en las crispaciones que bloquean el libre flujo de la respiración.

¡Cuántas veces la caja torácica está cerrada! Las costillas se mueven someramente, los hombros y los omóplatos están rígidos, la nuca, crispada. El diafragma está contraído y el vientre aparece flácido. En compensación, la zona lumbar presenta un exceso de tensión.

La persona está encerrada en su caja torácica.

Abrir dicha caja implica una vez más abrirse a la confianza, al mundo, al intercambio. Es atreverse a dar y a recibir. Es darse sin límites en un gesto de amor.

Tan solo con la apertura del tórax puede realizarse la respiración de forma natural.

En efecto, esto no es simple. Cada inseguridad, cada temor, induce de forma involuntaria este gesto de cerrarse. Sobrepasar dicha respuesta límbica requiere entrenamiento y don de sí. Un infinito don de sí.

La sensación de libertad y bienestar que aporta la respiración natural no tiene comparación con ningún ejercicio de respiración o técnica que se pueda realizar.

Ejercicio

Siéntate en posición de za-zen. Tómate tu tiempo para sentirte bien enraizado, con una buena verticalidad. Lleva tu atención a tu respiración, sin querer hacer nada, sin intervenir. Vas a constatar, casi sin equívoco, que el simple hecho de observar tu respiración te crispa en un primer momento. Tal vez tu respiración no es demasiado profunda, quizás te cuesta incluso respirar. Puede ser que tu espiración sea corta, o que el ritmo no corresponda con tu nivel de actividad... Estás sentado y, sin embargo, respiras rápido. No importa lo que puedas observar. No quieras cambiar nada. Date el tiempo de "estar ahí". Más tiempo... Aún más tiempo. Observa sin enjuiciar. Tu respiración es, en este momento, la más adaptada a tu estado interior y a tus posibilidades, aunque no se corresponda con tu ideal.

Puedes hacer algo, continúa sintiendo tu peso. Intenta sentir cómo tu pelvis es un lugar en el que puedes descansar interiormente. Siéntete seguro, cómodo y confortablemente instalado en el fondo de tu pelvis. Esto es asentarse interiormente.

Cuando logras esto, tu diafragma se relaja y tu respiración empieza a devenir más profunda y más calmada.

También puedes observar el ritmo de la respiración y cómo tus costillas se mueven, van y vienen. Si te fijas bien, puede que sientas ese vaivén incluso en la espalda, en los hombros, etcétera. Cuanto más ligeros son los tejidos, es decir, menos crispado estás, más fácilmente puedes sentir la vibración de la respiración por todo el cuerpo.

Piensa que la respiración es algo que te llega desde lejos, que te atraviesa y... que regresa de nuevo al exterior, se aleja. Como una ola que te atraviesa. Tú te abres para dejarla ir y para dejarla penetrar en ti.

Siente el placer de dejarte respirar.

3. El silencio

Ponerse a la escucha

Otoño.

Un ligerísimo crujido.

Una hoja se desprende de la rama.

Se balancea indecisa.

Cae. Cae.

Ya no la veo.

Cada mañana lo veo ahí, en el balcón. Silencioso, quieto. Parece impasible ante el amanecer siempre cambiante. Hoy, el día es claro y el cielo se ha teñido de rojo y naranja durante unos instantes, justo antes de la salida del Sol. Su silueta esbelta y grácil se dibujaba frente al cielo. Ayer estaba nublado y parecía que nunca saldría el Sol, pero ahí estaba él, en la misma posición de todas las mañanas.

Me admiro al verlo cuando hace viento... ¡Ah, cuando hace viento! Sus hojas se agitan y parecen a punto de marcharse, pero no. Permanecen en su lugar. Sus ramitas se doblan, pero siguen estando ahí.

Disfruto de su silencio y de su quietud. Estación tras estación, día tras día, noche tras noche. Horas y minutos se suceden y él permanece impasible, mostrando en todo momento su ser, su misma esencia. Derramando destellos verdes. En otoño, dejando ir sus hojas, secas. En primavera, despuntando otras nuevas.

De todos modos os contaré un secreto. Cuando el viento es suave, a veces me detengo a su lado y oigo el rumor de sus hojitas; y entonces me parece que me habla, en un lenguaje ancestral, primitivo y lleno de matices. No sabría traducir qué dice, pero algo en mí se estremece y entra en profunda unión con él.

De pronto, el ruido de la ciudad no se oye. He entrado en comunión con mi cerezo. Nada nos separa, estamos unidos en el "silencio". Las motos siguen rugiendo, los niños continúan gritando en el patio, los camiones siguen circulando, y el bullicio no se detiene. Nuestro silencio es más potente, se impone sin dificultad. Lo invade todo.

Cualquier meditador os puede decir que el silencio es imprescindible para la práctica adecuada del ejercicio. Es cierto. No hay nada tan básico como callar. Sí, eso es, callarse. No decir nada. En nuestra sociedad proponer algo así es ir contracorriente. ¡Callarse! Con la necesidad que tenemos de comunicarnos con los demás, se puede pensar. Pero... ¿de verdad os comunicáis hablando? Veo a mucha gente hablando, oigo a algunos, escucho a otros. La sensación que me llega siempre es que hay demasiadas palabras y poco contenido, poca comunicación real.

Si hacemos un análisis serio de la comunicación humana, veremos que un alto porcentaje, la transmisión de información, se realiza por vías no verbales. El lenguaje oral es tan solo una pequeña parte. De esa parte oral controlamos un porcentaje, el otro se produce de forma espontánea, sin la intervención de nuestro control consciente. Me refiero a entonación, volumen, cadencia…, todo aquello que carga de contenido emocional al habla. Y aún más, muchas veces se nos escapan cosas que no deseábamos decir…

Para quien se plantea de manera seria un camino espiritual, de acercamiento a sí mismo y a la Trascendencia, el silencio basado en el callar es una primera norma de higiene mental.

Es necesario ejercitarse en el arte de hablar. En un primer momento, el habla hacia fuera, la que se expresa explícitamente. No decir más de lo necesario, no romper el silencio si no hay nada realmente útil que decir. Es economizar energía y empezar a desenmarañar nuestra mente y nuestras relaciones. ¡Cuántos malentendidos se pueden evitar si nos permitimos un tiempo de silencio! Solo a partir de ese silencio puede surgir la palabra verdadera, la comunicación que realmente expresa.

Un segundo aspecto del silencio es acallar la mente. Si callar de cara a fuera no es simple, lograr el silencio de nuestra mente parece un trabajo imposible. Cuando nos detenemos a observar nuestra conversación interior vemos que es constante, como tener dentro una cotorra que no calla nunca, hablando muchas veces por hablar, repitiendo incansablemente temas, expresiones, girando en círculo la mayor parte de las veces. Nuestro pensamiento, está demostrado científicamente, es mucho menos racional y lógico de lo que creemos. No pensamos siguiendo las leyes de la lógica; es más bien a través de impulsos emocionales y bucles como funciona nuestro pensar. No es que esto esté bien ni mal, simplemente hay que saberlo para no seguir autoengañándonos. Cualquiera que se detenga a observarse verá la cantidad de pensamientos absurdos que surgen en pocos minutos. Pensamientos repetitivos, obsesivos, razonamientos sin búsqueda de soluciones, errores cognitivos de todo tipo, dudosas elucubraciones sobre el futuro, revisiones también dudosas del pasado, recuerdos, y un largo etcétera.

En esa maraña hay algunos pensamientos que son positivos y necesarios. Debemos pensar en cómo distribuiremos el tiempo para poder hacer todo lo que tenemos que hacer, debemos pensar en cuál es la receta de la lasaña para poder cocinarla, tenemos que decidir a qué colegio vamos a llevar a nuestros hijos, etcétera. ¿Cómo discernir, pues de eso se trata en definitiva, los pensamientos útiles y necesarios, de los pensamientos inútiles, innecesarios?

He aquí algunas pistas que te pueden ayudar:

- Si tu razonamiento solo te lleva a ver la parte negativa es que no estás viendo la realidad.
- Si tu razonamiento solo te lleva a ver la parte positiva es que no estás viendo la realidad.
- Si constantemente repites el mismo tipo de razonamientos es que te has encerrado en un bucle de pensamiento.
- Si las ideas te bombardean sin que seas capaz de detenerlas es que tu pensamiento se ha vuelto autónomo y has perdido el control sobre él. Estás en un bucle energético.
- Si lo que piensas no tiene una finalidad práctica... o bien eres filósofo o poeta, con lo cual estás excusado, o has perdido el contacto con la realidad.

Como bien se puede imaginar, llegar a un mínimo dominio de la situación, es decir, no hablar más de lo necesario y pensar solo en lo necesario, no es tarea simple. Se requiere una voluntad clara y firme, o... ¡estar muy harto de perder el tiempo en sandeces!

Para quien de un modo u otro llega a la conclusión de que necesita hacer esta limpieza interior o vaciado mental, no quedan muchas dudas. Los momentos en que se logra este sutil equilibrio entre el callar y el hablar justo, entre el pensar útil y el reposo mental, son tan gratificantes que se busca constantemente el modo de poder tener más.

Realmente, cuando la mente se calma, cuando la charla interior se detiene, la sensación de paz y plenitud es intensa. Tenemos a nuestra disposición una gran cantidad de energía interna que habitualmente está malgastándose en palabrería.

Es así como podemos llegar a experimentar el Silencio. En la vida cotidiana, nuestra mente está tan desentrenada en la percepción del Silencio que nos resulta imprescindible realizar un aprendizaje para llegar a captarlo. Es como para un aprendiz de músico lograr reconocer cuándo las notas del violín están afinadas.

Este gran Silencio con mayúsculas es un silencio que está más allá del sonido, del ruido, del callar, del hablar. Es un mar en el que subyace, en el que se apoya todo lo demás. Tiene una fuerza y una densidad difíciles de definir, y por ello tenemos que remitirnos a imágenes o a experiencias personales. Hay momentos en la vida en que cada persona ha tenido la oportunidad de experimentar ese Silencio. Dependiendo de su grado de "afinamiento" personal habrá sido capaz de reconocerlo, de percibirlo, preservarlo y valorarlo, o no.

La primera vez que se percibe con plena conciencia es una experiencia muy especial. Uno se siente en contacto con el alma del universo, con la raíz de toda fuerza y toda expresión. Solo a partir de dicho silencio puede expresarse cualquier cosa, cualquier sonido o ruido.

El verdadero Silencio es una matriz generadora en la que no hay lugar para la dualidad.

Una vez hemos tenido la experiencia del Silencio, los ruidos ya no nos impiden la conexión profunda con él, pues ellos mismos surgen y son expresión de esa misma y única fuerza.

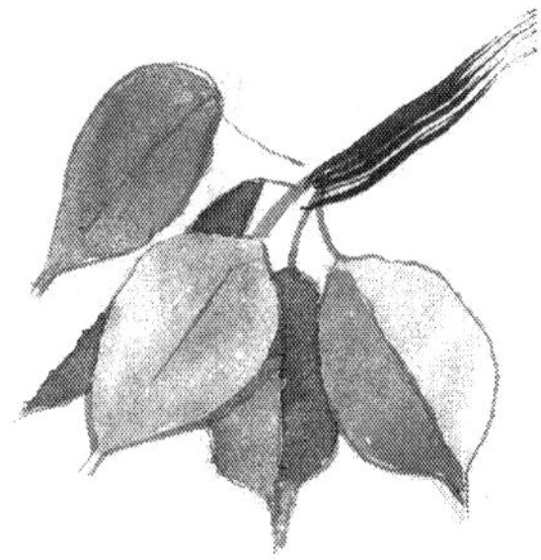

Ejercicio 1

Busca un rincón tranquilo en tu casa, a una hora en la que no haya demasiado ruido externo.

Imagínate que te sumerges en la piscina del aquí y el ahora, atravesando los ruidos que aún se oyen. Si hay un gran silencio, tal vez oigas tu respiración o tengas la sensación de oír los latidos de tu corazón. Incluso en los lugares más silenciosos se oye algo.

Ve más allá de esos ruidos. Si no te dejas molestar ni perturbar por ellos, tal vez puedas experimentar una sensación especial de entrar en contacto con algo que podrías calificar de silencio-que-está-en-el-fondo. Lo llames como lo llames, es algo intenso, grande y pleno.

Ejercicio 2

¿Cuál es el lugar más bullicioso de tu ciudad? Un día que estés allí puedes probar lo siguiente. Siéntate en un lugar en el que estés realmente en medio de la muchedumbre y el ruido. Puede ser una cafetería, una terraza, un banco público o la barandilla de unas escaleras.

Una vez sentado, asiéntate interiormente. Esto quiere decir que sueltas tus tensiones de los hombros, de la espalda, manteniendo sin embargo la postura erguida. Siente tu peso apoyado en la silla, o donde sea. Fíjate en tu respiración y permite que se haga más tranquila aún y más profunda, sin forzarla. Sin emitir juicios de ningún tipo escucha lo que oyes, ve lo que veas (no cierres los ojos). Imagina que a tu alrededor gira un inmenso torbellino de gente, ruido y circulación. Estás situado en un punto central que no se mueve. Lo ves todo, lo oyes todo, pero estás asentado y quieto. Siente la serenidad de esta posición.

No ofrezcas resistencia interna a nada de lo que está sucediendo. El ruido pasa; las motos, los coches, las conversaciones, los gritos están ahí, pero no te molestan. Si te fijas bien, por debajo de todo esto hay un silencio inmutable que lo sostiene todo. Aunque no lo llegues a sentir, solo con saber que existe, vivirás este momento de otra manera.

Cuando sientas que estás en contacto con ese punto central interior, levántate y anda normalmente entre la muchedumbre intentando mantener este estado de centramiento, pero fluyendo entre la gente, de forma natural y espontánea.

Estás en el centro de todo, en el centro del río de la vida, con su multiplicidad y su caos aparente, y al mismo tiempo estás presente a tu propia presencia.

4. Vivir el instante presente

No hay nada más que hacer que vivir el momento presente con plenitud

Me he sentado frente al balcón. Es invierno y estás sin hojas. Yo permanezco en el calor de mi casa y te veo, ahí, plantado fuera.
El gato se ha subido a mis rodillas. Ronronea feliz de saberme inmóvil por un rato.
Mis pensamientos vagabundean. No les hago caso. No me importunan, son como una música de fondo, un disco un tanto rallado.
Respiro la dulzura del momento. Calma. Plenitud.
La ciudad sigue moviéndose con su ritmo pautado de semáforos y coches.
La Vida se expresa de mil formas. Late, susurra, empuja, rechina, frena, ríe, acelera.
Cada momento es único.
Nada es nuevo.

Hace un mes, al regresar de un bonito paseo por la montaña, me dieron una mala noticia. Mi amiga Brigitte había muerto en el transcurso de la tarde. Sentí un pinchazo de dolor y recordé que mientras paseaba por esos bellos paisajes, de repente me había detenido y había gritado con todas mis fuerzas, liberando una gran energía. Ahora comprendía el porqué de mi grito. Ella se había ido.

Cuando la recuerdo acuden a mi mente nuestra última conversación, su rostro suave y gastado por el cansancio, su voz profunda. Me cuesta borrar su dirección electrónica de mi lista de envíos. Y sin embargo, sé muy bien que no va a recibir mis mensajes.

Cuando recuerdo… ¿estoy en el presente o en el pasado?

El Zen habla de vivir el momento presente. ¿Qué queremos decir exactamente con "momento presente"?

Si nos detenemos a observar nuestros pensamientos y emociones, constatamos que muchas veces nos vemos proyectados hacia el pasado, o bien hacia el futuro. Una y otra vez, lo que ocurrió viene a nuestra memoria. Una y otra vez, nuestras previsiones para el futuro se forman en nuestra mente. De estos recuerdos y proyecciones se destila mucha angustia.

Los acontecimientos pasados los cambiamos constantemente, reinterpretándolos, buscando nuevos sentidos, explorando significados. Se reviven emociones del pasado por el simple hecho de volver a pensar en lo sucedido. Cada vez que nuestra memoria recupera el registro de un acontecimiento, todas las conexiones neuronales asociadas a dicho registro se activan; y cada vez que esto sucede, el camino se refuerza.

Recordar el pasado forma parte de la construcción de toda persona. Quien olvida sus vivencias está enfermo. Aquel que se ve invadido por los contenidos del pasado, también.

De forma natural, la memoria nos ayuda a guardar las vivencias importantes para nuestra experiencia y nuestra supervivencia en la Tierra. La memoria es una función adaptativa de la mente. Nuestra capacidad de reflexionar sobre nuestros recuerdos complica las cosas. Por ello, lo importante es lo que hacemos con nuestra memoria. ¿Vivimos apegados a sus contenidos? ¿Somos capaces de sentirnos libres, en la conciencia de lo vivido?

Vivir en el instante presente no significa olvidar ni menospreciar los recuerdos. Es anclarse en el presente, como un barco que deja pasar las olas que vienen de lejos y van lejos, pero sin dejarse ir a la deriva.

Tampoco significa no ser capaz de planificar el futuro. Es necesario tener objetivos; planificar las acciones, desarrollar una estrategia a fin de alcanzar dichos objetivos. La paradoja es que para poder elegir los objetivos adecuados, aquellos que realmente son los justos, y luego hacer lo que es mejor para alcanzarlos, tenemos que estar anclados en el instante presente. Suele ser muy perturbador, en lo que se refiere al logro de nuestros objetivos, el temor generado por la posibilidad de no alcanzarlos, o bien la ansiedad de querer lograrlos a toda costa.

Tener objetivos es importante, ya que es lo que da sentido a la vida. El tema del sentido de la vida es, a mi entender, una navaja de doble filo. Me explico. Como seres humanos sentimos la necesidad de realizar, de culminar una obra personal en el tiempo que dura nuestra vida. Para realizar dicha obra disponemos de una energía que nos viene dada por la vida que nos habita. Podríamos decir que somos receptores de dicha energía y que buscamos invertirla en la construcción de algo que nos resulte satisfactorio. Ese algo es el objetivo o los objetivos de vida de cada persona. Para lograrlos, hay que dirigir la energía, concentrarla, focalizarla e invertirla de forma sabia. Es decir, tenemos que dar un sentido, una dirección a dicha energía. Quien no tiene objetivos no da una dirección a su energía y siente en un momento dado que sus fuerzas se han dispersado y que su vida no tiene sentido.

Aquel que logra reunir sus fuerzas en una dirección dará lugar a un acto de creación, transmutando dicha fuerza primordial en una obra concreta. La vida de dicha persona cobra sentido.

Se debe comprender, sin embargo, que todo camino hacia la realización pasa por un aceptar que la Vida es mucho más amplia que nuestra limitada visión. Por ello, para lograr esa realización personal que nos da el sentido de nuestra obra, debemos ponerla al servicio de lo Esencial, con humildad y devoción. Como Dürckheim nos dice, es la Transparencia al Ser el único camino de verdadera realización.

¡Cuántas personas al final de su vida se dan cuenta de que sus objetivos no eran los adecuados! ¡Que no estaban de acuerdo con su yo más profundo! Esto genera amargura y desolación.

El Zen, con el ejercicio de la presencia al instante presente, nos ejercita en la concentración de nuestra fuerza interna. Ni mañana ni ayer, es en el eterno presente donde todo ocurre.

El instante presente es un espacio-tiempo que está en alguna parte entre el presente y el futuro, y al mismo tiempo los engloba.

Ejercitarse en estar en dicho instante presente es calmar la mente, abrirse a las sensaciones, posarse interiormente. Dicho ejercicio es necesario para renovar la experiencia y amplificarla a la vida cotidiana. Debe realizarse durante la sentada, como un entrenamiento que va a dar sus frutos en el quehacer diario.

La persona que logra anclarse interiormente a este espacio presente se siente libre del pasado, aun recordando y rememorando los hechos. Del mismo modo, se siente libre proyectándose hacia el futuro, pero sin la angustia de lo desconocido. Esa angustia obliga a construir un devenir, planificado, preciso... que, por supuesto, raramente se realiza y es fuente una vez más de desasosiego. Se deseaba que las cosas fueran de una cierta manera y son de otra. Esto genera malestar ya que la realidad no encaja con lo deseado, con la construcción mental.

En el instante presente no hay temor. El miedo nos llega a partir de las experiencias vividas y de su interpretación. Viene dado también por la angustia de lo que puede ocurrir en el futuro. La percepción de falta de control de los acontecimientos genera un gran malestar. *No puedo estar seguro de que mis hijos vayan a encontrar un empleo que les convenga, no puedo estar seguro de que no voy a enfermar… no puedo controlar la vida.*

Vivir en el instante presente es aceptar que la Vida vive a través de mí. La Vida me vive. Soy vivido por la Vida. Esto significa posicionarse de forma muy diferente a la habitual, es aceptar lo inaceptable: no tengo el control de todo.

Esta forma de situarse no es victimista; no es en absoluto asimilable a la resignación de aquel que cree que no puede hacer nada para cambiar su suerte. Es aprender a actuar de forma justa, con la conciencia clara de que podemos realizar una parte del camino de forma lúcida, el resto se hace en la sombra de nuestro inconsciente.

Como el buen jardinero, plantamos las mejores semillas, las abonamos de forma cuidadosa, las regamos con esmero…; y el proceso se realiza en la oscuridad de la tierra, lejos de nuestra vista. Pero un día, la tierra se agrieta y una plantita surge: es el milagro de la existencia.

Vivir el instante presente es ser ese jardinero que hace lo que debe hacer en cada momento. Estar ahí, atento a las necesidades de aquello que es, para permitir que lo que Es se manifieste.

Ejercicio 1

Sentado en el cojín de meditación, bien puesto. Sintiendo el peso y la verticalidad. Ábrete a las sensaciones. Ábrete al mundo exterior: escucha lo que se oye en este momento. Huele los olores que te llegan en este momento. Observa, sin moverte, lo que ves. Observa cómo la luminosidad cambia cuando hay nubes que pasan.

Ábrete a tu mundo interior sin perder la conciencia del exterior: toma conciencia de tus sensaciones corporales. Siente el ritmo de tu respiración. Observa tus crispaciones. Tus dolores. Observa tus emociones. Tus pensamientos.

No quieras cambiar nada de lo que es en este instante. Ejercítate en aceptar lo que es, simplemente porque es. Estás plenamente bañado de instante presente.

Más allá de lo que puedas sentir, del nombre que puedas dar a tus emociones o del carácter de tus pensamientos (si no se detienen), hay el instante presente y te puedes sentir plenamente en este instante, sin por ello dejar de sentir tristeza o alegría, preocupación o ligereza. No te dejes atrapar por lo que conoces de ti mismo. Atrévete a ir más lejos.

No eres tus pensamientos. No eres tus emociones.

Siente, no reflexiones, siente.

Ejercicio 2

Busca un objeto de madera. Sentado, coge dicho objeto con las manos. Toca, siente la madera. Permanece en el contacto. Deja de mover las manos, siente el peso del objeto, su tacto. Date tiempo para estar plenamente centrado en el contacto. Tal vez llegues a percibir durante un instante que no hay separación entre el objeto y tus manos, que no sabes dónde empieza el objeto y dónde acaba tu piel. Es un instante de unión. En ese momento estas plenamente presente, no hay nada más. El no-dos es el instante presente.

5. El desapego

Las nubes que pasan
Los pensamientos que pasan
Las emociones que pasan

Hoy llueve.
Las gotas caen pesadamente sobre tus hojas marchitas.
En este otoño tardío se desprenden perezosas.
Algunas caen en el suelo del balcón. Otras vuelan llevadas por el viento.
Todas llenas de lluvia brillante.
Las hojas secas, como pensamientos sin savia, se alejan.
La lluvia cesa y vuelve a salir el Sol.
Donde había oscuridad, brilla la luz. Las nubes se han ido.
Volverán, cargadas de fértil agua.
Como la savia, volverá a remontar tu tronco ahora adormecido.

Se diría que no te importa mucho perder tus hojas. Yo, por el contrario, tengo miedo a cambiar, a perder lo que poseo. ¿Un árbol envejece? Sí, claro que sí, pero no tiene miedo de arrugar su corteza, ni de perder sus ramas secas... simplemente sucede. Me impresiona siempre el ver árboles viejos de cientos de años... y yo tan efímera.

La experiencia de sentarse en silencio en el espíritu del Zen es un aprendizaje del desapego.

¿Qué quiere decir desapego?

Es desprenderse de todo lo que no es nuestro verdadero Yo.

Analicemos detenidamente esta frase.

Hablar de un verdadero yo implica la existencia de otro yo que no es el verdadero. ¿Qué significa esto? ¿Cuántos yoes tenemos?

Hay que tener siempre presente que las palabras inducen a error, que son una tentativa de explicar lo que no se puede explicar. Sin embargo, debemos analizar e intentar comprender. Si nos remitimos a la experiencia personal, quien más, quien menos ha sentido en un momento dado que hacía o decía cosas que no estaban en pleno acuerdo consigo mismo. Todos hemos vivido esta sensación de estar situados en un "falso yo". Este falso yo suele ser una construcción social. Es una forma de estar en el mundo que sirve para la supervivencia de la persona, para ser reconocido y aceptado. Está compuesto de educación, de temores, de proyecciones. Es un yo construido.

La educación tiene como función básica socializar a la persona. Muchas veces esto conlleva el rechazar una parte instintiva, natural y espontánea, que se ve sustituida por las normas sociales: lo que se debe hacer, cómo comportarse en sociedad, es decir, lo que en antropología se denomina la endoculturización.

Una buena educación debería dejar plaza a ese instinto primario y natural, sin ahogarlo, sin despreciarlo ni aniquilarlo. En realidad, con ello no se logra más que enviarlo a la oscura caverna del inconsciente. Ese instinto primario es una fuerza natural de la que podemos y debemos extraer su potencial. Nos es básica. Está en la raíz de la intuición, del instinto de supervivencia, del deseo carnal. Es la base de lo que somos, nuestra animalidad.

Si la olvidamos, va a manifestarse como todo aquello que intentamos ignorar: proyectándose en nuestro entorno o en forma de pulsión; tal vez como enfermedad.

- *Intenta, aquí y ahora, escuchar el animal que eres. ¿Qué animal eres? ¿Qué te dice esta parte tuya? ¿Acaso está herido, rabioso o enfermo? ¿Qué necesita?*

En la construcción del yo social hay una gran parte de temor. Doy a continuación algunos ejemplos:

- Miedo a no ser reconocido
- Miedo a no ser aceptado
- Miedo a no ser suficientemente bueno, inteligente, hábil, rico, triunfador…
- Miedo al fracaso
- Miedo a no ser amado
- Miedo a ser abandonado
- Miedo a envejecer, al sufrimiento, a la muerte

La lista podría continuar. Cada uno puede añadir sus propios temores, aquellos que lo atenazan y le impiden ser libre.

Estos temores obligan a adoptar una forma de ser que busca protegernos. El miedo a ser rechazado, no aceptado, lleva a hacer, por ejemplo, todo lo posible por gustar, por adaptarse a las demandas del entorno (o a aquello que interpretamos como demandas).

El miedo a envejecer lleva a realizar acciones a veces absurdas, como el intento de algunos hombres bien entrados en años de seducir a las jovencitas con su tarjeta de crédito dorada, o bien aquellas personas que buscan en la cirugía la solución al paso de los años, porque no pueden aceptar sus arrugas. Estos dos ejemplos, un tanto caricaturales, nos muestran que los temores y sus pretendidas soluciones son sociales. Es la sociedad la que nos muestra que, para ser interesante, un hombre debe ser un triunfador, es decir, tener poder económico. El hombre entrado en años, que usa su tarjeta de crédito como útil de seducción, no hace más que responder a un cliché social; está bien lejos de ser libre. Del mismo modo, quien desea preservar a cualquier precio su piel sin arrugas, no hace más que responder a toda la carga social basada en un modelo de juventud perenne, base de toda belleza, salud y, por supuesto, seducción.

Pero... ¿quién hay más allá del yo social, del yo construido? ¿Quién aparece cuando no hay miedo?

Aparece un ser libre que Es.

El Zen nos explica, con su lenguaje de ejercicios, cómo acceder poco a poco a este ser libre. Para comprender esto hay que entender que la práctica del ejercicio de desapego produce sus efectos poco a poco. Hay que comprender también que el hecho de ser conscientes de los miedos y las construcciones que forman nuestro yo social no significa que podamos cambiar. Esto es un gran error. No se debe querer "dejar de tener miedos", "dejar de ser aquel que soy en apariencia". Hay que aceptar que somos como somos, en nuestro modo particular de adaptarnos a nuestro entorno, con nuestra historia, que nos ha hecho ser de un modo determinado... Pero, ahí está la clave: ¡somos mucho más que eso!

Debemos empezar por aceptar que tenemos un yo construido. Este yo no podemos deconstruirlo. Psicológicamente no es posible, es decir, cuando una estructura se deshace, por otro lado, en la psique, sé está construyendo otra que viene a sustituirla. Esto no es en ningún modo grave, es el funcionamiento de nuestra mente. Lo interesante es que la nueva construcción sea más ligera, más adaptada a la realidad, en definitiva, este más al servicio del yo profundo.

Se debe tender a que el ser social esté al servicio del yo real. Es entonces cuando la persona irradia con una fuerza que transmite confianza y plenitud.

Este es el profundo significado del desapego:

- no somos nuestros temores
- no somos nuestros pensamientos
- no somos nuestras emociones

Como muy bien explica Krishnamurti, el origen de todo miedo está en el pensamiento. El recuerdo de sucesos dolorosos, así como el deseo de renovar el placer, están en el origen de todo temor. Nuestra mente nos ancla en un modo de funcionamiento que engendra constantemente el temor. Liberarnos del miedo no es tan sólo aprender a vivir con nuestros temores. Todo el mundo vive con sus temores; eso significa seguir siendo su esclavo. Liberarse del miedo es adquirir la verdadera libertad interior, una libertad total fruto de la comprensión profunda (no una comprensión meramente intelectual) de que es el pensamiento el que engendra y perpetúa el miedo.

Por ello, el Zen nos entrena en situarnos en ese silencio del instante presente que es el camino hacia el verdadero desapego. Para empezar debemos observar los pensamientos que llegan, no seguirlos, dejarlos pasar igual que las nubes pasan por el cielo azul. Con las emociones hay que hacer lo mismo, dejarlas pasar.

En el origen, las emociones son reacciones naturales de supervivencia: esto es bueno para mí, esto es malo para mí. Nuestra mente crea las emociones secundarias y lo que venimos a llamar estados emocionales, en los que nos sentimos totalmente descentrados.

Nuestro pensamiento no es malo. No debemos caer en la trampa de considerar que "no se debe pensar". Esto sería absurdo. Somos animales racionales. El pensamiento debe ser una herramienta en el camino hacia nuestra libertad. Debemos comprender su funcionamiento para poder utilizarlo correctamente. A pesar de las apariencias, normalmente no pensamos, somos pensados por nuestro pensamiento devenido autónomo.

Lo mismo ocurre con las emociones. No podemos hacerlas desaparecer. Son funciones vitales. Pero, en general, estas emociones se han vuelto autónomas y nos llevan al ritmo de sus sacudidas.

Aprender a situarse interiormente en el punto donde el pensamiento se detiene es fundamental en el camino de libertad y desapego. Se logra o no se logra. No hay puntos intermedios. No podemos vencer ciertos temores y seguir con otros. El miedo es fruto del pensamiento; detener el pensamiento es liberarse del miedo.

Entre tanto… es importante aprender a ver, a ser más y más conscientes del funcionamiento de nuestra mente. Cuanto más aprendamos sobre su funcionamiento, más cerca estaremos de nuestra liberación. Para ello, la autobservación es fundamental.

No soy mis pensamientos. No soy mis emociones. No soy mis miedos.

Ejercicio 1

Siéntate en postura de meditación. Esto te ayudará en el ejercicio.

Concéntrate en observar tus pensamientos sin intervenir en ellos. Esto quiere decir que puedes ver un pensamiento llegar, pero no lo analizas ni lo amplificas. Puedes decirte a ti mismo, por ejemplo: «estoy pensando en qué haré para cenar».

Seguidamente, una vez reconocido ese pensamiento, no le añades nada y dejas que se vaya como ha venido. Es decir, no piensas si debes ir a comprar algo, si la receta la tienes que buscar, o si seréis tres o cinco a cenar.

Puedes usar la imagen de ver tus pensamientos como nubes. Las nubes en un cielo azul, que pasan arrastradas suavemente por el viento. Deja, pues, que tus pensamientos pasen como nubes.

Ejercicio 2

En posición de meditación, concéntrate en tu respiración. Empieza observando cómo sale el aire. La espiración requiere un soltarse, sin retener nada, sin crispaciones. Deja que lo que se está yendo se vaya, no quieras retenerlo.

Acepta que el aire vuelve y te llena de nuevo.

Cada espiración es la ocasión de soltarse todavía más y más, en confianza, aun sabiendo que un día habrá una espiración que será la última.

6. ¿Zen sin maestro?

¿Tal vez savia rima con sabiduría?
¿Tengo que podar tus ramas?
¿Debo dejarte crecer siguiendo
tu solo instinto de expansión?

¿Quién conduce tu desarrollo? ¿Soy yo o tú?
Aprender a podar mi árbol es aprender a entrar en comunión con él, con sus necesidades profundas. Más allá de mis deseos, más allá de mí mismo. Es ponerme a su disposición, plenamente, en cuerpo y alma para él.
¿Quién es maestro de quién?

Eva. Así se llamaba la primera profesora que tuve. Era una mujer joven y atenta; se percibía que amaba su trabajo, y yo percibía que me quería. Entre todos los alumnos de su clase lograba hacerme sentir apreciada e importante a sus ojos. Me enseñó a amar la escuela. Fue mi maestra; la que me enseñó a leer y a escribir. Me abrió la puerta a un mundo inmenso de saber y conocimiento, y lo hizo con una actitud que hoy reconozco como justa. Con alegría, amor y entrega. Se creó un lazo especial entre nosotras. Durante años, en las vacaciones de verano mis padres me llevaban a visitarla a su apartamento de la playa. Era un día feliz y festivo de reencuentro. Me transmitió lo que sabía y lo que ella era.

Del mismo modo que un maestro o maestra nos enseñó en la infancia el arte de leer y escribir, hay personas que nos enseñan a meditar y conocer nuestro mundo interior. Son personas que conocen y usan desde hace tiempo el vocabulario del alma y que han integrado en sus vidas las reglas de la gramática que le permiten al ser humano expresar toda su humanidad en el aspecto espiritual.

Si bien mi profesora no necesitaba ser una gran novelista para enseñarme a escribir, su enseñanza alió el conocimiento intelectual con lo humano. En cuestiones de lo que llamamos "conocimiento personal", se requiere que el instructor haya integrado realmente las enseñanzas, que no transmita puramente conocimientos intelectuales, sino conocimiento vivencial.

En la tradición Zen se habla siempre de maestro. El conocimiento del Zen no puede transmitirse de otro modo que no sea de persona a persona. Pero, hoy en día, el maestro es una figura que se ha ido desdibujando hasta quedar reducido, en el mejor de los casos, a un esbozo. A veces llega a ser una caricatura.

Ese maestro que se describe en los libros que hablan de la tradición del Zen, un ser que ha alcanzado la completa realización y que actúa con total pertinencia en el proceso de desarrollo de sus discípulos, se hace más y más difícil de encontrar. Demasiados falsos gurús han hecho su aparición, con promesas de realización no cumplidas, con fraudes encubiertos en algunos casos... Las situaciones más habituales muestran a personas que, tras la apariencia de ser alguien con un bagaje espiritual, tienen muchas zonas de sombra no reconocidas.

Lo más normal hoy en día es buscar instructores que enseñen las técnicas de meditación de forma libre. Las personas que buscan aprender a meditar suelen realizar diversas actividades al mismo tiempo: un día meditación, otro *tai-chi* y otro clases de teatro... ¿Esto es bueno o frena el verdadero desarrollo personal? A mi entender, en primer lugar es una realidad de nuestra vida en la ciudad. Hay múltiples ofertas, y aquellas personas que desean explorar diferentes campos pueden hacerlo con relativa facilidad. Es una gran suerte poder aprender y expandir la conciencia desarrollando diferentes capacidades. Lo importante es darle un sentido a todo lo que se hace, lograr encontrar el punto central, a partir del cual la persona puede expresarse en diferentes formas y actitudes.

Es aquí donde el Zen puede jugar un rol realmente básico. Nos da ese anclaje interior a partir del cual moverse por el mundo con libertad y soltura. El Zen permite sentir la unidad interior en los múltiples aspectos y facetas de la personalidad de cada uno.

Volvamos al tema del instructor de Zen. ¿Cómo podemos reconocer quién puede acompañarnos en un camino personal de autoconocimiento? Hay algunos criterios que, sin ser exhaustivos, son de buen sentido. La persona que ha hecho un largo recorrido en su caminar se distingue por su simplicidad, por su humildad, ya que cuanto más se avanza, más se da cuenta uno de lo mucho que queda por recorrer.

No usa lenguajes oscuros y enrevesados, no pretende que aprendamos a hablar como él un lenguaje especial, críptico, solo inteligible para los iniciados, sino que, con palabras cotidianas, expresa las verdades más profundas. No pretende vender su método por encima de todos los demás. Muestra un espíritu muy abierto y no dogmático. Algo muy importante: tiene un gran sentido del humor, no se toma en serio a sí mismo ni a sus enseñanzas, actitud que genera una grata sensación de ligereza y alegría.

Si alguien os dice que puede resolver todos vuestros problemas con sus enseñanzas, huid lo más rápidamente posible. ¡Si alguien se os presenta como poseedor de la verdad, dad media vuelta y corred!

Apreciad a aquellos que os enseñan las técnicas que conocen tras una larga práctica personal y que las transmiten sin grandes pretensiones. Aprended de su experiencia, que siempre irá dirigida a despertar vuestra propia intuición, vuestro propio maestro interior.

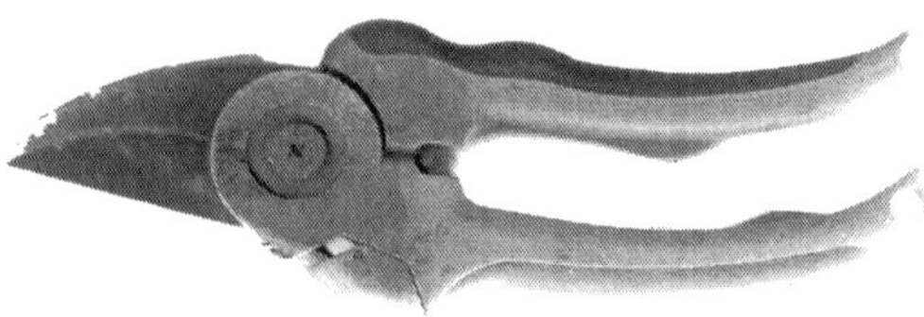

¿Necesito un terapeuta o un maestro?

En los momentos de fragilidad personal, en los períodos en que estáis viviendo una crisis o un problema que se manifiesta como una disfunción de orden psicológico, acudid a un terapeuta o psicólogo. Un buen terapeuta prepara el terreno para un camino espiritual realmente productivo y anclado en la realidad, sin temor a perderse en construcciones de falsa espiritualidad.

Si bien la meditación puede ser utilizada como una técnica que ayuda en muchos problemas de salud, tanto física como mental, no debemos olvidar que su vocación real es hacernos conectar con una forma de estar en el mundo libre y profunda, que es la Salud, en mayúsculas.

La salud de la persona debe ser contemplada como la vivencia de la integración del cuerpo con la mente y el espíritu; es decir, la salud es sentir la unidad primordial innata. Llegar a sentir dicha unidad es una experiencia; viene a ser como tener un centro alrededor del cual se ordenan diferentes aspectos que pueden tener manifestaciones diversas. Pero interiormente hay un núcleo que da fuerza y coherencia al conjunto.

Salud es alcanzar la libertad total del espíritu, más allá de lo que llamamos normalmente enfermedad.

La meditación no nos libra de la muerte, ni del sufrimiento físico cuando este se presenta. Pero dolor y sufrimiento pueden convertirse en experiencia de Vida, no se oponen a ella, sino que forman parte de su movimiento.

Hoy en día encontramos técnicas que proponen la meditación como ayuda a la curación en hospitales, en empresas. ¡Qué bien si espíritu y materia se encuentran! Pero cuidado, no convirtáis el ejercicio de liberación de la meditación en un útil más para moveros mejor en la cárcel cotidiana.

La verdadera meditación, las verdaderas enseñanzas son radicales. Esto quiere decir que no sirven como parche a una vida sin implicación total.

Un maestro no os enseña a moveros mejor a pesar de estar encadenados a un poste. Os ayuda a encontrar las tenazas para cortar la cadena.

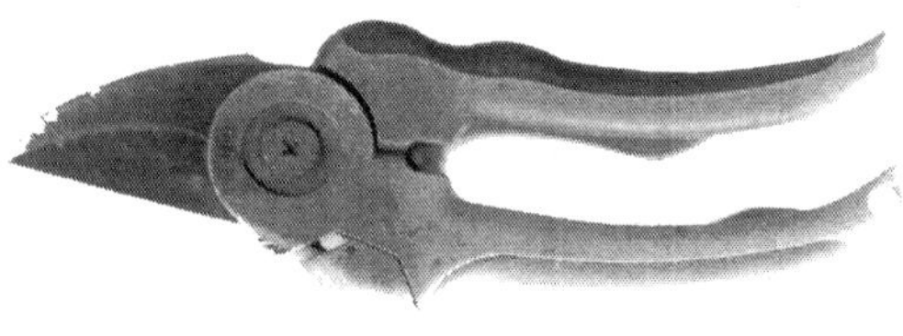

7. El encuentro con la sombra

La luz en las tinieblas

El Sol ilumina tus dulces hojas y resplandeces con múltiples tonos de verde. Tu copa se ha ido poblando de fuerza de vida estallando en nuevos brotes. Y esa cima verde de tu tronco ha ido proyectando una sombra cada vez más densa en la tierra. Hay zonas en las que nunca toca el Sol. Me detengo a observar las diferentes plantitas que nacen a tu sombra. Hay mala hierba, que arranco día a día y que parece que jamás pierde fuerza, pues sus raíces se hunden en la tierra más y más robándote agua y alimento. También hay tréboles, más antiguos que el hombre, con sus graciosas hojas lobuladas. Alguna florecilla llegada ahí, como por casualidad. Están tus hojas secas, las que cayeron y ahora se descomponen para devolverte su esencia en un mantillo de humus. ¡Cuánta vida hay en tu sombra!

El encuentro con la sombra es una de las cosas más temidas por aquel que se halla en el camino interior. Sin embargo, es un paso imprescindible e ineludible.

Quien se acerca con sinceridad a la meditación, quien practica con constancia debe reconocer que desde el primer momento su trabajo se encamina hacia ese encuentro.

Pero... ¿qué es la sombra? ¿Por qué produce tanto temor en el practicante?

La sombra es aquello que no vemos de nosotros mismos, bien porque siempre ha estado oculto a nuestros ojos, bien porque lo hemos olvidado. En la sombra se esconden inquietudes, deseos, temores, anhelos que por una u otra razón se han rechazado no dejándoles otro camino que el de permanecer ocultos, alejados de la mente consciente.

El ser humano está acostumbrado a contar tan solo con los recursos de su consciente, ese pequeño círculo iluminado de su mente. Adentrarse en la parte sin luz de sí mismo produce intranquilidad. Nadie sabe lo que su sombra oculta, pero todo el mundo intuye que esa parte desconocida tiene una gran fuerza. Hay el temor de caer en manos de esa fuerza desconocida, de no poder controlarla, o de sufrir al ver ciertos aspectos de uno mismo.

Es cierto que inevitablemente se deberá reconocer en toda sombra contenidos desagradables, por ello se les había relegado, para evitar ese sufrimiento. Pero el camino hacia la madurez del ser humano exige recuperar poco a poco esos contenidos. Lo que en un momento de la historia personal no se pudo asumir se debe asumir tiempo después, cuando interiormente se está más preparado.

Con ello, la persona gana en fuerza interior. Es algo así como recargar las pilas con energía nueva que había estado infrautilizada.

De todas maneras, sería erróneo creer que los contenidos de la sombra no ejercen ninguna influencia en la vida ordinaria. Están actuando por debajo del nivel de la consciencia, por eso muchas veces la persona se siente tomada por una fuerza desconocida que la lleva a realizar actos que no comprende muy bien. Actos compulsivos, errores en momentos cruciales, respuestas emocionales exageradas tienen su origen en esa fuerza rechazada que habita en la oscuridad sobre la que se apoya la consciencia.

Ser capaz de encarar la propia sombra y poco a poco ir dejando aflorar sus contenidos es un gesto de confianza hacia sí mismo y hacia la Vida.

Todo aquel que se sienta a meditar en za-zen debe saber que está realizando un ejercicio que le acerca a su parte oscura. La sombra aflora de forma inevitable, y aquel que espera encontrarse en el cielo gracias a la práctica meditativa se percata de que tiene que pasar antes por el infierno. Sin este paso previo ningún otro es posible.

En estos momentos, el acompañamiento experto de alguien que desde el exterior comprenda y conduzca el proceso resulta necesario. El practicante necesita saber que sus vivencias están bien encaminadas, necesita la perspectiva que le da el otro para poder comprender y no cortar ese fluir que empieza a surgir desde el fondo. Porque es necesario recordar siempre que en la parte más oscura y recóndita de nuestro interior se halla el gran tesoro que nos hará libres. Poder contar con el apoyo incondicional de alguien que ha pasado antes por ese proceso ayuda a tener la confianza de que vamos a seguirlo hasta el final.

¿Qué se suele encontrar en el lado oscuro?

Como ya he dicho, los contenidos rechazados de uno mismo o del mundo exterior se contienen en eso que venimos llamando la sombra. Hay un modo de comenzar a comprender qué es lo que se guarda en ese refugio oscuro. Cuando alguien de nuestro entorno nos resulta visceralmente desagradable podemos decir que vemos en esa persona contenidos que no aceptamos de nosotros mismos. Ese malestar que se siente frente a su presencia, o sus actos, es una información que puede revelarnos aspectos rechazados de nuestra personalidad.

Veamos un ejemplo. Aquel que reaccione de forma exagerada cuando algún conocido suyo adquiere un coche deportivo caro, puede estar seguro de que en algún lugar de sí mismo esconde un profundo deseo de brillar socialmente o de poseer bienes. Seguramente, la persona que se siente mal frente a una tal situación tiene unos valores morales muy estrictos que le impiden reconocer sus deseos más primarios de posesión y ganancia. Si dicha persona está en un camino interior, deberá pasar primero por reconocer su reacción como un signo de algo que vive en su sombra. Luego deberá buscar en sí cuáles son los elementos que verdaderamente le molestan del hecho y cómo los interpreta. Poco a poco, los verdaderos impulsos rechazados pueden aflorar. En ese momento se tiene que hacer prueba de gran paciencia y aceptación de sí mismo para no juzgarse y aceptar lo inaceptable: soy codicioso. El simple hecho de comprender que ese aspecto vive en alguna parte de sí mismo, y necesita expresarse, es una liberación interior. Ello no quiere decir que la persona deba ir corriendo a comprar el coche más caro del mercado. Al contrario, debe encontrar un acuerdo entre sus instintos más primarios y sus valores morales, sin negar ni los unos ni los otros. Hay siempre un acuerdo posible.

No reconocer los aspectos que viven en la sombra da una fuerza increíblemente grande a dicha parte oscura. Es entonces cuando puede ser peligrosa para la persona o para los demás. Los aspectos que se ven, aunque no sean muy halagadores, pueden ser mantenidos en los límites de lo "adecuado". Aquellos que permanecen ocultos escapan a todo control y pueden actuar de forma autónoma.

Sombra e inconsciente

Nuestra mente funciona como una caja con tres compartimentos de diferente tamaño. El mediano es muy accesible; lo llamamos conciencia, conocemos todo lo que está allí y lo utilizamos a voluntad. El grande es inaccesible y oscuro; no sabemos lo que contiene; lo llamamos inconsciente. Entre los dos hay un pasadizo donde ciertas informaciones transitan de un lado a otro, es el tercer compartimento, que modula los intercambios entre consciente e inconsciente.

De forma natural, ciertas ideas e impulsos se desplazan de la conciencia al inconsciente y viceversa. Es un movimiento vital imprescindible. En el inconsciente se cuecen y generan ideas, imágenes y creaciones que afloran al pasillo central y finalmente a la conciencia. La imagen del árbol, con sus grandes raíces hundidas en la oscuridad de la tierra, puede ayudar a comprender esto. Agua y nutrientes del suelo llegan a ese mundo oscuro del que las raíces extraen su alimento, y de ahí se forma la savia que llega a todo el árbol, que crece. Hay un doble movimiento. El exterior aporta nutrientes que son digeridos y reelaborados en el mundo subterráneo y que sirven para el crecimiento del árbol, que necesita unas grandes raíces, largas y profundas.

Para que en la mente este proceso pueda realizarse de forma natural resulta imprescindible "limpiar" de contenidos perturbadores la gran caja oscura. Con ello quiero decir que los contenidos que han sido reprimidos deben irse incorporando poco a poco en la conciencia. Así se recuperan energías bloqueadas o que distorsionaban el funcionamiento de la persona.

La función del subconsciente no es guardar lo que no deseamos ver; esto sucede, es una evidencia, pero debe ser una solución temporal. Cuando no podemos asumir ciertos aspectos, los dejamos en espera… pero hay que ir a buscarlos tarde o temprano… antes de que se conviertan en "monstruos verdes" y nos asusten aún más. Cuando vamos hacia ellos, muchas veces descubrimos que en realidad son ratoncitos asustadizos.

El subconsciente debe ser fuente de creatividad y vida. Un espacio de transmutación y regeneración. Un lugar interior donde los límites entre el individuo y el universo son más permeables.

En los sueños y en las visiones podemos percibir los contenidos reprimidos (que se hallan ya en el pasillo de intercambios entre consciente e inconsciente) que están listos para salir a la conciencia, podemos reconocer aspectos luminosos olvidados de nosotros mismos, y también podemos sentir ese contacto con el Universo y la Creación.

8. La práctica en lo cotidiano

¿Puede el árbol ser árbol solo durante una hora al día?

Te declinas en múltiples aspectos.
¿Eres flor o eres hoja? ¿Raíz o tronco?

Eres árbol.
Savia, fotosíntesis, luz, madera.
Pétalo, hoja seca, murmullo de primavera.
Eres verde, a veces dorado. Eres rosado.
Brillante y mate. Movimiento y quietud.
Eres árbol.

¿Y yo? ¿Soy yo cuando me siento por la mañana a meditar o soy yo cuando voy al despacho a trabajar?

Soy la que corre cuando ve el autobús, la que se impacienta en la panadería. Soy la que escucha al amigo. La que calla el secreto.

Soy el que aconseja, el que habla por hablar. El que quisiera ser mejor y el que no sabe qué quiere decir "ser mejor". Soy el que ama y el que quiere aprender a amar. Soy el que necesita ser amado.

Soy el que sube las escaleras pensando en las vacaciones de fin de mes. El que se prepara la cena imaginando la expresión de sus amigos cuando sepan que tiene un nuevo coche.

Soy el que ama el silencio. El que no soporta pasar solo un fin de semana.

Soy yo, con múltiples facetas. Lleno de errores y aprioris. Con un gran corazón y a veces egoísta. Contradictorio... ¡tan humano!

Cuando queremos justificar, reconocer las incoherencias y paradojas, nuestras y de los demás, tendemos a atribuirlas simplemente al hecho de... ser humanos. Me parece realmente enternecedor. En realidad, podemos tener grandes ideas, grandes proyectos, desear ser así o asá. Pero más allá de todo esto hay una realidad que nos impone sus límites, tenemos un doble origen en el Cielo y en la Tierra: somos humanos, con luces y oscuridades.

A veces pienso: ¿Qué sería de nuestra cultura sin los filósofos griegos? ¿Y si a nadie se le hubiese ocurrido que podemos aspirar a un ideal de perfección? ¡Cuántas veces ese ideal nos aleja de la realidad, la realidad que “siempre-es-perfecta”!

Tal vez las cosas no suceden como nosotros esperamos, tal vez no somos como quisiéramos ser; el día a día no se parece a nuestra idea, al modelo que tenemos en nuestra mente, y por ello sufrimos.

El sufrimiento nos empuja a buscar cómo dejar de sufrir. Normalmente, las personas que se acercan al ejercicio de la meditación buscan ser felices, dejar de sufrir. Es una búsqueda que se convierte en un camino de autoconocimiento y sabiduría cuando se practica de forma honesta.

Profundicemos un poco más en la práctica de la meditación.

Practicar el Zen no es algo que se hace tan solo durante 25 minutos de ejercicio de sentarse en silencio. El ejercicio es una forma de estar en el mundo en cada uno de nuestros actos, de nuestros pensamientos. Cada gesto es una ocasión de practicar la presencia al instante presente, un entrenamiento a la transparencia al yo profundo que somos.

Ideas para iniciar la práctica de la meditación

Toda persona que decide empezar a meditar debe observar algunos parámetros que facilitan dicha práctica. Los describo a continuación.

> *Hay que empezar por buscar un lugar adecuado. Un rincón de la casa donde se pueda estar tranquilo. Si es posible, en el que se pueda crear un espacio de meditación; simplemente dejando el cojín instalado y una vela, será suficiente. La creación del lugar concreto es muy importante psicológicamente, ya que con ello se otorga una plaza a dicha práctica y a su significado en nuestro mundo personal. Del mismo modo que la alimentación está ocupando un lugar muy definido en la cocina y el comedor, el descanso en la habitación y el cuidado personal en el cuarto de baño, la vida espiritual necesita de un lugar donde concretizarse.*

Esto no siempre es posible, en la ciudad los pisos no son muy espaciosos. Si es tu caso, hay que actuar para utilizar un espacio con varias funciones. Por ejemplo, al pie de la cama, se puede instalar una alfombrita. Bastará con colocar el cojín y la vela en el momento de la meditación. El hecho de saber que cada día esa alfombrita va a acoger el ejercicio de la meditación la convierte en un lugar especial. Al sacar el cojín y colocar la vela realizamos el pequeño e íntimo ritual que abre la puerta a lo sagrado. Ese rincón se convierte durante el tiempo que dura nuestro ejercicio en nuestro santasanctórum.

De forma natural, la casa del practicante acoge poco a poco objetos, libros, imágenes que le recuerdan su práctica. Esa "invasión" de nuevos objetos en el espacio cotidiano es importante, ya que cada vez que se ve uno de ellos se produce una reacción interior de conexión con el estado meditativo.

Los objetos simbólicos y rituales forman parte de nuestra memoria ancestral en tanto seres humanos. Para mí significan el tiempo de transición entre aquel que necesita símbolos externos y el momento de libertad total en que cada objeto, cada persona, cada ser vivo son la manifestación de lo Absoluto, sin importar su aparente banalidad. Pero esta es una etapa posterior. De momento, hay que empezar por crear el ambiente adecuado en casa, aquel que favorece una apertura de la conciencia.

Hemos visto cómo iniciar una práctica creando un espacio. Ahora abordaremos cómo darse el tiempo para realizar dicha práctica. Muchas personas no saben cuándo es mejor meditar. Preguntan: ¿debo hacerlo por la mañana o por la noche? La práctica de la meditación necesita de un tiempo de habituación. Crear el hábito requiere varios meses. Para ello, lo mejor es realizar el ejercicio siempre a la misma hora. Si no se puede o no se desea realizar una meditación por la mañana y otra por la noche, deberá elegir el momento en el que se dispone de una mayor tranquilidad. Las circunstancias de vida marcan muchas veces cuál es el mejor momento. Una vez determinado el momento adecuado, no queda más que realizar la práctica de forma cotidiana. El ejercicio debe convertirse en parte integrante de la jornada.

Le hemos dado un espacio y un tiempo a nuestra práctica de Zen. Por ejemplo, 25 minutos cada mañana a las 6:30. Pero ¿qué sucede cuando nos levantamos del cojín? Nuestro ejercicio de meditación sentada se ha acabado, pero la práctica de Zen no ha hecho más que empezar.

La meditación no debe ser un paréntesis en nuestra jornada, un momento que se inicia y se acaba en 25 minutos. Al contrario, debe ser como un reglaje de nuestra función interna que se pone en resonancia profunda con la parte trascendental del mundo en nosotros; y se trata de mantener durante el resto del día ese reglaje, ese contacto.

Aunque es cierto que en cuanto se acaba el ejercicio de la sentada en silencio todo parece ponerse en contra de nosotros para seguir atentos al instante presente y a la trascendencia.

Debemos correr para ir al trabajo, para llevar a los niños a la escuela, el tráfico está imposible, el bus está demasiado lleno y no para, nuestra pareja reclama nuestra atención, el jefe nos exige más... Sentimos que miles de cosas tiran de nosotros, nuestra atención debe abarcar múltiples aspectos.

La vida cotidiana, tal y como suele estar organizada, no deja mucha plaza al espíritu. Y sin embargo... ¿puede haber una forma de estar en el mundo que no suponga una confrontación entre espíritu y materia? ¿Cómo llegar a vivir el día a día en la plena conciencia?

Para responder a estas preguntas se impone una reflexión. Cada persona debe buscar en su fuero interno cuál es el lugar que desea dar a la espiritualidad y cómo siente que debe y puede hacerlo.

No todo el mundo desea tomar los hábitos y retirarse a un monasterio. Solo unos pocos siguen esta vía extrema. Para la mayor parte de personas, el deseo de vivir espiritualmente lo cotidiano les lleva a buscar cómo integrar el espíritu en su vida mundana.

No creo que se "deba hacer esto o no hacer lo otro" para estar en contacto con la trascendencia, lo más importante es "cómo se hace".

Hay una presencia que convierte cada gesto, cada acto en un acto espiritual. Desde pelar una manzana a elegir dónde invertir un capital. Porque es nuestra mente, y tan solo nuestra mente, la que crea la distancia entre espíritu y materia. La materia no es más que la manifestación visible del mundo espiritual.

«Lo visible es un invisible elevado al grado de misterio», proclama el poeta Novalis.

Que nuestra vida cotidiana sea un ejercicio espiritual no depende más que de nuestra forma de vivirlo. Si lo hacemos con conciencia, será un ejercicio espiritual, y ello nos aportará una gran sensación de coherencia y bienestar.

Así pues, ¡no hay más que pasar a la acción!

Cuando te levantas del cojín, el reto es seguir en la misma actitud interior a la hora de realizar las tareas cotidianas.

Para ello, hay algunos pequeños trucos que pueden ayudar. Veamos algunos.

Puedes empezar por poner algunos post-it *aquí o allá con una frase o una palabra clave que te invite a tomar conciencia, a enraizarte, a detenerte un instante.*

También puedes programar tu teléfono móvil a fin de que te avise varias veces al día con un sonido particular: para ti esa será la señal que te dirá: «detente un instante y observa si estás conectado con tu yo profundo».

¿Tienes la posibilidad de elegir dónde comer a mediodía? Elige un lugar donde estar en contacto con la naturaleza. Puede ser un jardín público o frente a un simple árbol, incluso un parterre de flores. Durante unos minutos siente la presencia de la naturaleza en medio del cemento. ¿Te has fijado en el gran número de plantitas que crecen resquebrajando el cemento, en lugares insospechados? Tu conciencia debe ser como ellas: debe abrirse paso incluso en las condiciones que parecen más desfavorables.

Un gran clásico de entre los clásicos de los ejercicios cotidianos es la parada del autobús o del metro. ¡Qué momento privilegiado para sentir el contacto con tus pies, con el suelo, el contacto de tu cabeza con el cielo! Inmóvil, plenamente presente en tu cuerpo, sin crispaciones.

¿Tomas el metro a menudo? Su vaivén es interesante para ejercitar el enraizamiento. Enraizarse es sentir el propio peso bien instalado en los dos pies, sin agarrarse a ningún lugar (ni a nadie), con los pies un poco separados, con la amplitud de las caderas. Sentir el vientre fuerte y la verticalidad bien presente, sin estar encogidos. Para meditar hay que estar bien puestos sobre la tierra. La meditación no es una huida de la realidad, sino un ver lo cotidiano con ojos nuevos para descubrir una realidad más plena.

Déjate llevar por el traqueteo del metro, atento a las sacudidas y jugando con la sensación de estabilidad. Hazlo con cuidado de no molestar a nadie; si pierdes el equilibrio, debes agarrarte rápidamente a la barra.

Puedes llevar la respiración al vientre para reforzar la sensación de fuerza en el *hara*.*

¡Cuidado con pasarse de estación! Nunca se debe estar tan concentrado que se pierda de vista el entorno, la gente que está allí y las paradas que se van sucediendo.

Lavar los platos es uno de los momentos especialmente indicados para meditar en la vida cotidiana. Es muy gratificante concentrarse en los gestos del lavado y aclarado de la vajilla. Así como poner en orden la cocina, recoger, limpiar la encimera. Hay diversas maneras de lavar los

* Hara: palabra japonesa que significa vientre y centro de gravedad de la persona.

platos. Se puede optar por llenar de agua dos recipientes y enjabonar y aclarar, o bien lavar a chorro de agua, opción menos ecológica. Sea como sea, lo importante es concentrarse en cada gesto, en cada pequeño movimiento, sentir el agua, sentir la esponja o estropajo, sentir su roce con el plato y las ollas…

Para ello se recomienda estar atento a la forma de poner los pies en el suelo, estar bien apoyado sobre los dos pies. La posición de la espalda debe ser también erguida, sin dejarse caer sobre el fregadero, con una suave inclinación, sin rigideces. Muchas veces la respiración se va acompasando suavemente a los movimientos.

Si se usa el lavavajillas, siempre hay la opción de cargarlo con plena conciencia de lo que se hace, vigilando atentamente cada movimiento… ¡pero no es tan apasionante como la primera opción!

El momento en que la cocina queda recogida y las encimeras limpias es un instante especial. Si se está atento, se puede sentir una oleada de bienestar profundo y místico.

Cuando andas puedes realizar el ejercicio de la marcha consciente. Si eliges realizarlo cada vez que vas a hacer una fotocopia, aprovecha bien el trayecto: un paso, un paso, tan solo un paso, plenamente presente a cada paso.

Es importante sentir que el peso se apoya en cada pie alternativamente, con cadencia y ritmo. Sintiendo el enraizamiento y, al mismo tiempo, la ligereza del movimiento.

Un momento especial es el de ordenar y limpiar la casa. Colocar cada cosa exterior en su sitio es colocar en orden nuestro interior. Sacar el polvo es limpiar nuestro mundo interno, que gana en transparencia y color.

El orden externo es muchas veces el reflejo del orden o del desorden interior. Tal vez hayas constatado que en momentos de tu vida, en los que estás más desanimado, da pereza ordenar, las cosas se acumulan e internamente cuesta encontrar el buen punto para resolver los problemas.

Sencillamente, cuando una casa está en orden se respira mejor en ella. Eso sí, la creatividad genera desorden y ¡tiene que haber momentos en los que todo esté patas arriba! El orden no debe ser nunca una obsesión, sino un placer.

Puedes aprovechar el momento de ordenar para aumentar la sensación de orden en tu interior: coger cada papel con parsimonia; colocar cada libro con plena atención de lo que se hace; atravesar la habitación para guardar un objeto en su sitio con calma, sintiendo cada paso; doblar la ropa sintiendo cada pliegue, con plena conciencia.

Ver cómo cada cosa encuentra su lugar, cómo poco a poco nuestro espíritu se ordena al ritmo del ejercicio es muy reconfortante. El resultado es una sensación de estar en orden, y curiosamente se gana espacio, externo e interno.

Una vez realizado el ejercicio de ordenar... hay que aceptar la continua impermanencia de las situaciones y el fluir de la vida. Hay que aceptar desde nuestro orden interno que los niños saquen de nuevo las cosas de las estanterías, o que nuestra pareja cambie de lugar lo que tan bien habíamos puesto; es entonces cuando veremos que hemos realizado nuestro ejercicio correctamente, ya que estos pequeños cambios externos no van a desordenar nuestro interior.

¿Te has fijado en cuántas veces al día abres o cierras una puerta? Puertas grandes por las que se pasa, puertas de armario, puertas de contenedores diversos.

Las puertas se abren o se cierran. Muchas veces las dos cosas. ¿Cómo lo haces? Normalmente sin prestar atención. Es algo banal. Pero cuando se está enfadado y se sale dando un portazo, ya no es tan banal, se quiere dejar atrás una situación, mostrar el enfado o acabar con algo.

Abrir la puerta es el primer paso para entrar en un nuevo espacio. Muchas veces sabemos qué encontraremos al otro lado. Algunas veces, no. Pero siempre es un tránsito. La meditación es también una puerta que nos abre a otra forma de estar en el mundo.

Si nos ejercitamos en sentir el pomo de la puerta, si nos ejercitamos en abrirnos internamente a esta experiencia de entrar en un nuevo lugar, o de entrar en una cierta actitud de atención, en un lugar conocido, todo va a cambiar. Cuando abras una puerta, ábrela, sintiendo lo que haces. Cuando cierres la puerta, ciérrala, sintiendo lo que haces.

Las puertas esconden misterios, nos abren a ellos. También nos protegen. Podemos encerrarnos detrás de una puerta real o virtual.

¿Sabes realmente lo que hay detrás de cada puerta? Déjate sorprender, aunque sea en tu casa.

¿Has visto que hay "puertas mágicas" que se abren ante tu presencia? Algunas veces parecen resistirse a la apertura y nos sentimos como transparentes... Otras veces nos sentimos reyes ante todo lo que se pone a nuestra disposición para que pasemos. Otras, simplemente agradecidos, porque nos facilitan la entrada.

A veces hay puertas de vidrio que no se ven. Son barreras que nos cierran el paso y que exigen que no vayamos despistados.

También existen las puertas giratorias. Algunas con ritmo propio, hay que acompasarse para pasar. Otras hay que empujarlas y son pesadas.

Hay puertecillas de cajas fuertes. Con combinaciones difíciles que esconden secretos tesoros.

Hay puertas que en los cuentos de hadas nos dicen que no debemos abrir.

> *Pero el* súmmum *de los ejercicios es tener el coraje de, durante unos minutos... ¡no hacer nada! Ni trabajar ni meditar ni hacer ejercicios... estar ahí presente, vivo, plenamente consciente de estar vivo. Suele provocar un gran gozo interior; pero cuidado, es tan solo para los valientes que se han liberado de los condicionamientos del "debes hacer para ser".*

Nuestros destinos
Siempre vivos
En el corazón del cerezo
Matsuo Basho